# POR QUÉ NOS GUSTA
# EL LACROSSE

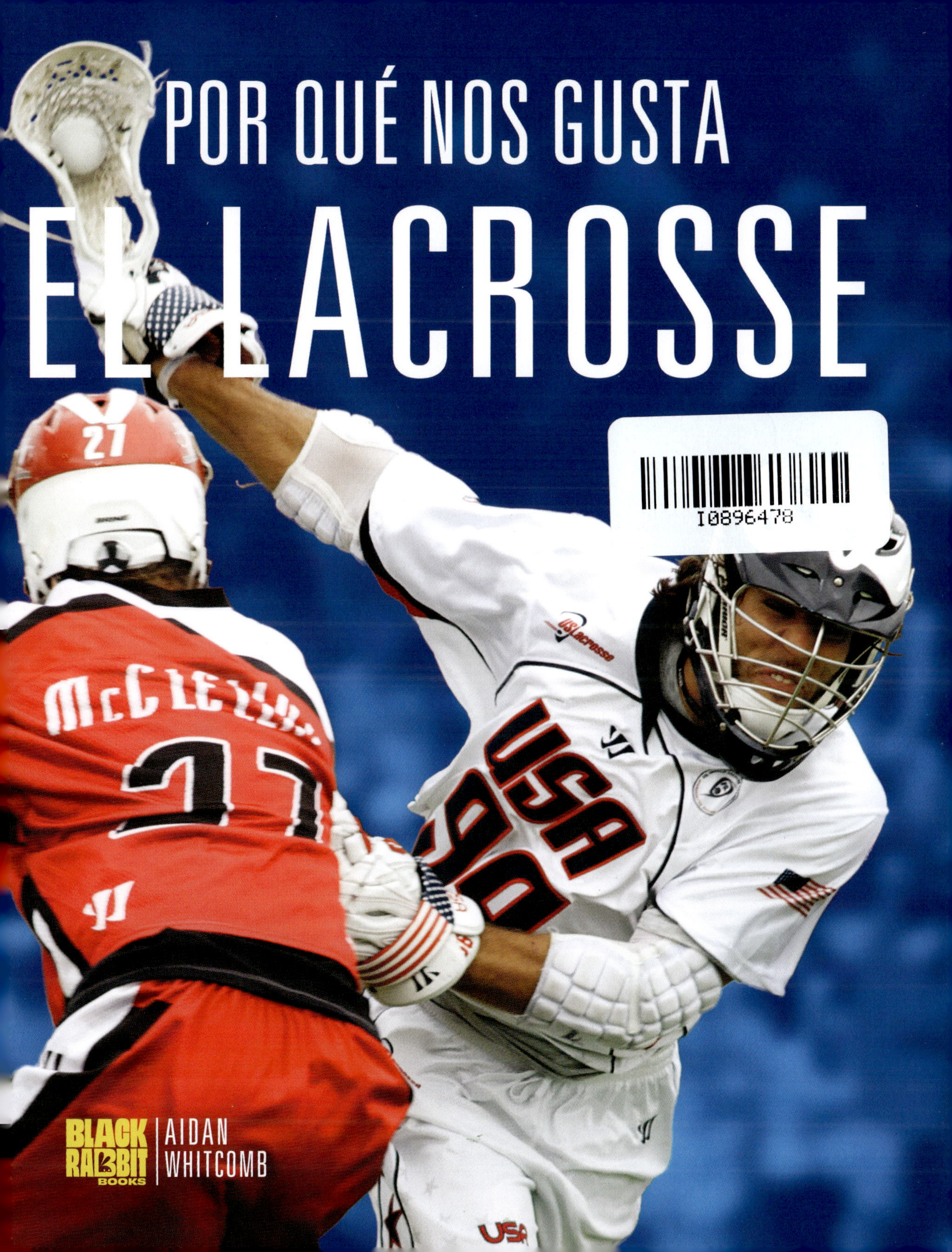




BLACK RABBIT BOOKS

AIDAN WHITCOMB

# TABLA DE CONTENIDOS

1

# Orígenes antiguos

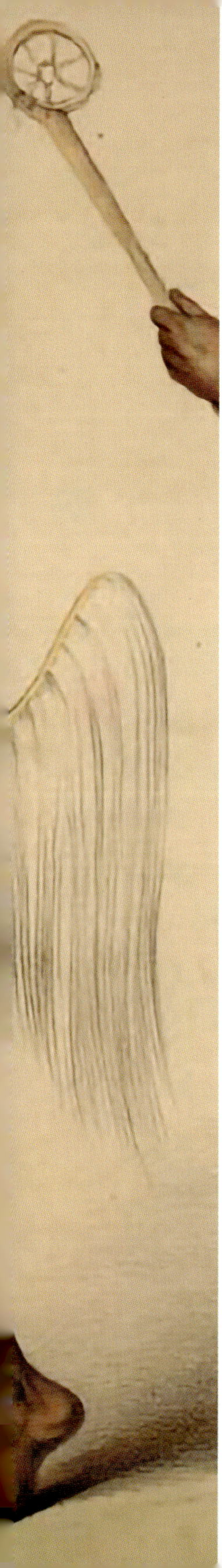

El lacrosse es un deporte antiguo. Es el deporte más antiguo de Norteamérica. Las comunidades indígenas americanas crearon el juego en el siglo XII. El lacrosse es bastante sencillo. Los jugadores usan un palo para atrapar y pasar una pelota. Disparan hacia la portería. ¡El juego es muy rápido!

Los indígenas americanos compartieron el deporte con los exploradores. El deporte comenzó a crecer. A la gente en Estados Unidos y Canadá le encantó el juego. Se convirtió en un deporte popular en escuelas secundarias y universidades. Hoy en día, se juega en todo el mundo.

**Piensa en esto**

Investiga la historia del lacrosse. ¿En qué se diferencia el juego en la actualidad?

2

# Leyendas del lacrosse

*Paul Rabil*

El lacrosse tiene muchas leyendas. Jim Brown es una de ellas. Jugó para la Universidad de Siracusa en la década de 1950. Muchos creen que es el GOAT del lacrosse. Era increíblemente rápido y extremadamente fuerte. Estableció muchos récords.

Paul Rabil es otro gran jugador. Se convirtió en profesional en 2008. ¡Tiene la mayor cantidad de puntos en su carrera profesional!

En la rama femenina, Charlotte North es una de las mejores. ¡Anotó 358 goles en la universidad! A los aficionados les encanta verla jugar.

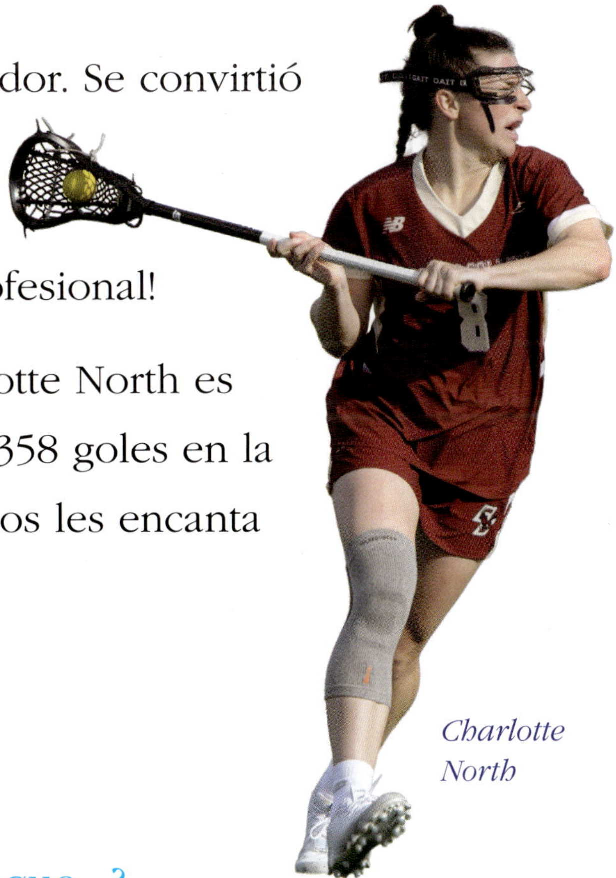

*Charlotte North*

¿Sabías que...?

Jim Brown también jugó en la NFL. Está en el Salón de la Fama tanto del lacrosse como del fútbol americano.

3

# El deporte de la velocidad

El lacrosse es el deporte más rápido sobre dos pies. Los jugadores corren a toda velocidad por el campo. Hacen pases rápidos. Esquivan a la defensa. A los aficionados les encanta la velocidad del juego. Los partidos están llenos de energía.

El portero es una posición importante. Detiene los disparos. A los aficionados les encanta cuando un portero hace una gran atajada. Ser portero es difícil. Deben ser rápidos. La portería es enorme. Y los jugadores disparan con mucha fuerza. Estar en la portería puede ser intimidante.

**Piensa en esto**
¿Qué habilidades necesita un gran portero?

41
RIT
31

4

# Un juego global

El lacrosse se ha convertido en un deporte global. En sus primeros años, el lacrosse se extendió a Inglaterra y Australia. Ahora hay **ligas** masculinas y femeninas en múltiples países. El deporte ha ganado muchos nuevos atletas y aficionados.

El Campeonato Mundial de Lacrosse es un torneo importante. Los aficionados ven equipos de todo el mundo. Decenas de equipos compiten cada cuatro años. Países más pequeños como Uganda y Jamaica pueden participar. ¡Es un evento emocionante!

¿Sabías que...?
El Campeonato Mundial de Lacrosse Masculino se transmite en más de 190 países.

5

# Bajo techo y al aire libre

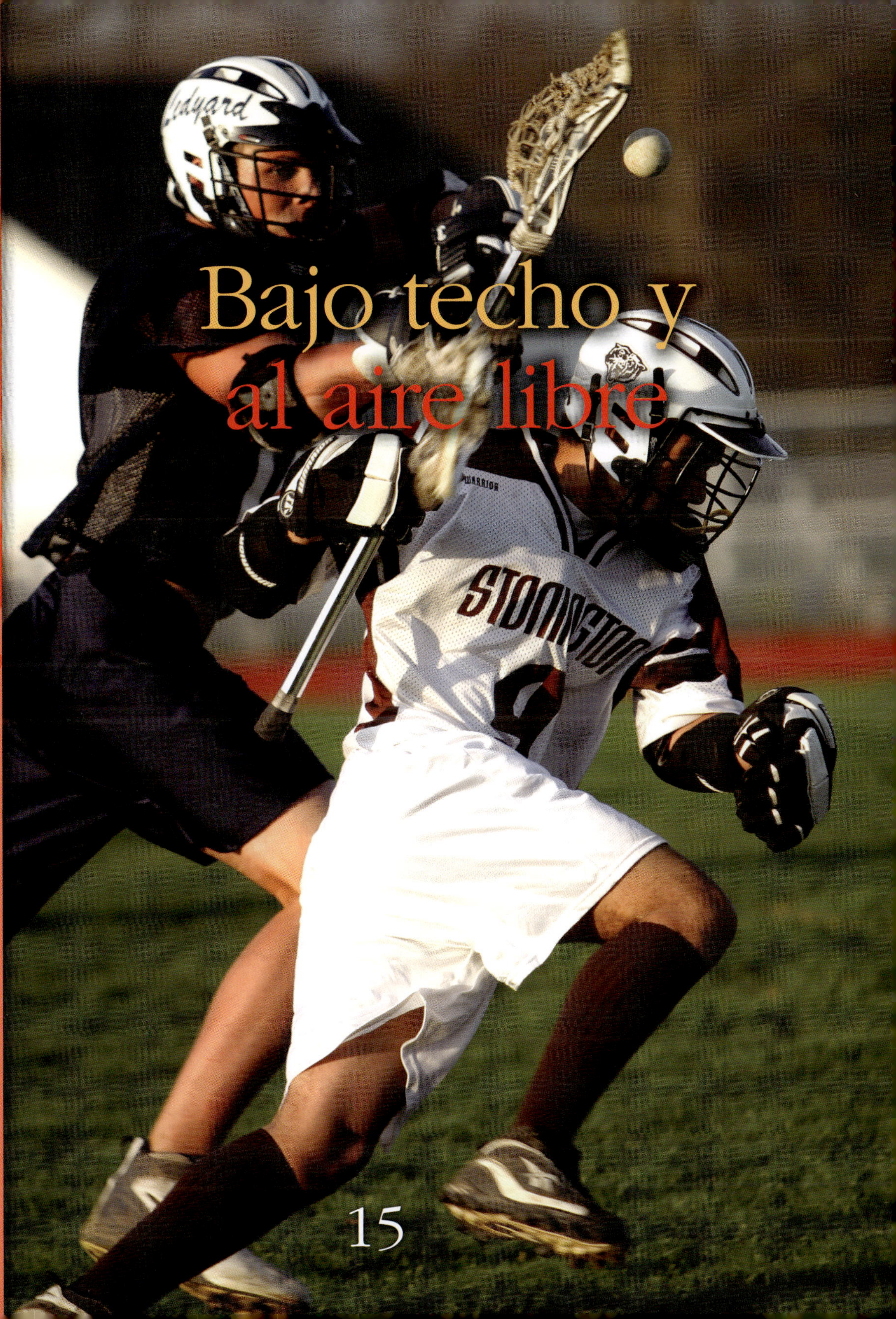

Los aficionados disfrutan de dos tipos principales de lacrosse. El lacrosse de campo se juega al aire libre. Hay mucho espacio para pasar y correr. Los jugadores disparan desde cualquier parte del campo. Los aficionados disfrutan de la **estrategia** de este juego.

El box lacrosse se juega en lugares cerrados. El campo es más pequeño. Está rodeado por tableros. El juego se siente como el hockey. El box lacrosse es más físico. Puede ser rudo. A los aficionados les gusta ver la fuerza de los jugadores. Todos disfrutan de la intensidad.

PACIFIC
5

¿Sabías que...?
El box lacrosse se juega tanto en verano como en invierno. ¡Los fanáticos pueden disfrutarlo durante todo el año!

# Futuro olímpico

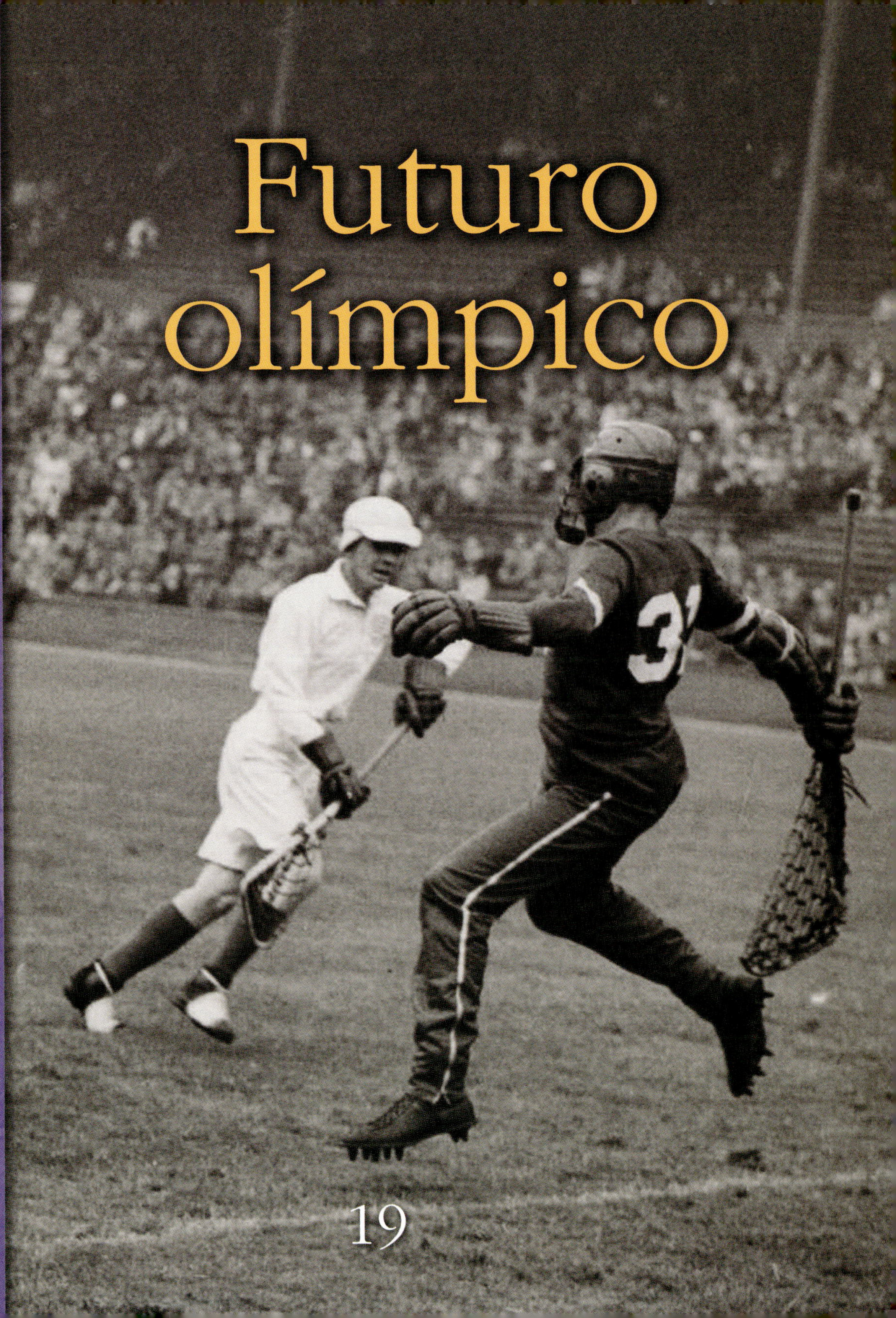

6

El lacrosse solía estar en los Juegos Olímpicos. Fue una disciplina en 1904 y 1908. También fue un **deporte de demostración** en 1928, 1932 y 1948. Luego desapareció por muchos años. Regresará a los Juegos Olímpicos en 2028. Personas de todo el mundo verán el deporte.

Los atletas olímpicos juegan una versión diferente del deporte. Se llama lacrosse sixes. Utiliza un campo más pequeño. Solo hay seis jugadores por equipo. Estados Unidos y Canadá son los dos países principales. Tienen equipos fuertes tanto masculinos como femeninos.

**¿Sabías que...?**
Canadá obtuvo las medallas de oro olímpicas por lacrosse en 1904 y 1908.

XIV·OLYMPIAD
LONDON
1948
CANADA

## MÁS PARA EXPLORAR

# DATOS FANTÁSTICOS

¡Nick Diegel tiene el disparo más rápido, con una velocidad de 127.4 millas (205 kilómetros) por hora!

Las pelotas de lacrosse solían estar hechas de madera o piel de ciervo. Hoy están hechas de goma.

El equipo masculino de EE. UU. ganó 11 Campeonatos Mundiales de Lacrosse. El equipo femenino ganó nueve.

En promedio, los jugadores corren alrededor de 3 a 5 millas (4.8-8 km) por partido.

Lacrosse es una palabra francesa que significa "el palo".

El Mohawk Lacrosse Club, fundado en 1868, es el equipo más antiguo de EE. UU.

# MÁS PARA EXPLORAR

# COMPARACIONES INTERESANTES

## ¿Qué universidades tienen más campeonatos?

(combinado de hombres y mujeres, hasta 2024)

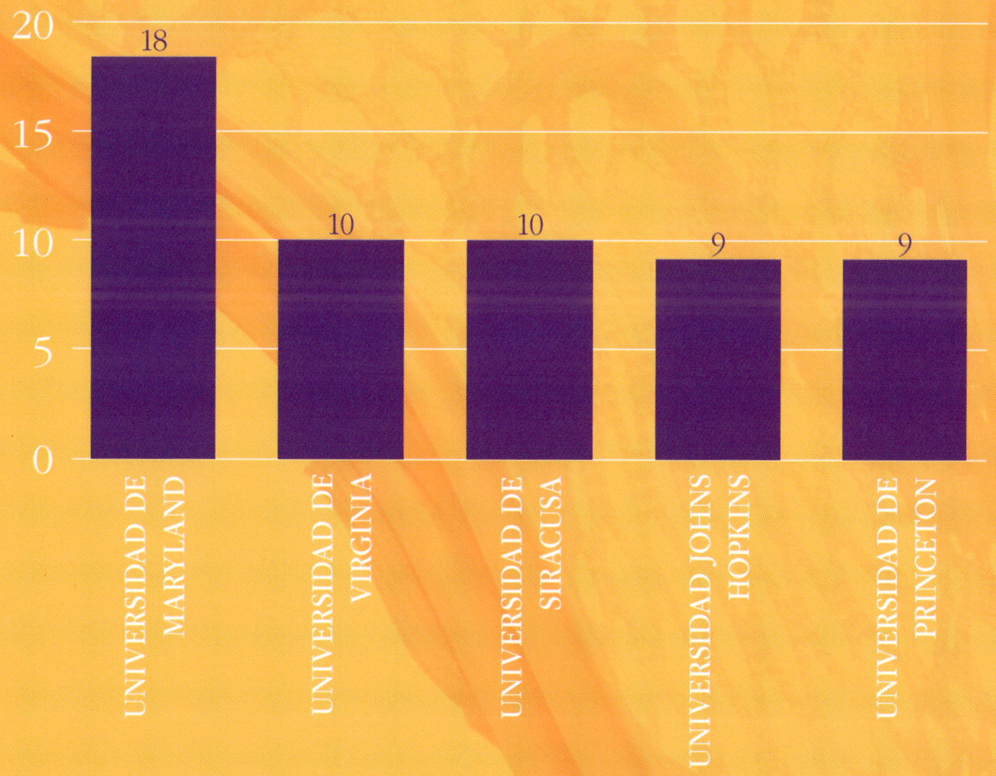

## MÁS PARA EXPLORAR

# RECURSOS

### Glosario

**defensa** Los jugadores de un equipo que tratan de evitar que el otro equipo anote.

**deporte de demostración** Un deporte que se juega para generar visibilidad, en lugar de competir por medallas.

**estrategia** Un plan o método preparado con reflexión.

**GOAT** Una persona que es excelente o la mejor en su disciplina. GOAT significa "Greatest of All Time" (el mejor de todos los tiempos).

**liga** Un grupo de equipos deportivos que juegan unos contra otros.

**reclutar** Elegir un jugador para un equipo profesional a través de un sistema especializado.

**torneo** Una serie de competiciones entre varios equipos que culmina con un único ganador.

### Índice alfabético




TOP RANK es publicado por Black Rabbit Books, P.O. Box 227, Mankato, MN, 56002.



• Top Rank un sello de Black Rabbit Books • Diseño de Danny Nanos • Fotografías © Alamy Stock Photo/John Fryer, cover, 1; Dreamstime/Benjamin Haslam, 12–13, 23, James Boardman, 17; Freepik/alisaa, cover, 1; Getty Images/CDH_Design, 8–9, Erica Denhoff/Icon Sportswire, 7, M. Anthony Nesmith/Icon Sportswire, 6, 14, Paul Buckowski/Albany Times Union, 21, Rubberball/Erik Isakson, 2, 18, Xander Palaia, 11; Shutterstock/cobalt88, 14, JoeSAPhotos, 5, Larry St. Pierre, 14–15, Peyker, 10, Porstocker, 12, yojo626, 5; Wikimedia Commons/George Catlin, 4–5, Mack Male, 16, National Media Museum, 18–19, public domain, 20, 21 • Impreso en India.

**Library of Congress Cataloging-in-Publication Data:** Names: Whitcomb, Aidan, author. | Title: Por qué nos gusta el lacrosse / by Aidan Whitcomb. | Other titles: Why we love lacrosse. Spanish | Description: Mankato, MN: Top Rank is an imprint of Black Rabbit Books, [2026] | Series: Por qué nos gustan los deportes | Includes index. | Ages 8–11 | Grades 2–3 | Identifiers: LCCN 2024054660 (print) | LCCN 2024054661 (ebook) | ISBN 9781644669785 (lib. bdg.) | ISBN 9781644669921 (paperback) | ISBN 9781645824480 (ebook) | Subjects: LCSH: Lacrosse—Juvenile literature. | Lacrosse players—Juvenile literature. | Ball games—Juvenile literature. | Classification: LCC GV989.14 .W5218 2026 (print) | LCC GV989.14 (ebook) | DDC 796.36/2—dc23/eng/20241224

CHANGE MAKERS

# 12 PANDEMIC PROBLEM SOLVERS WHO CHANGED THE WORLD

BLACK RABBIT BOOKS

STEPHANIE LOUREIRO

# Table of Contents

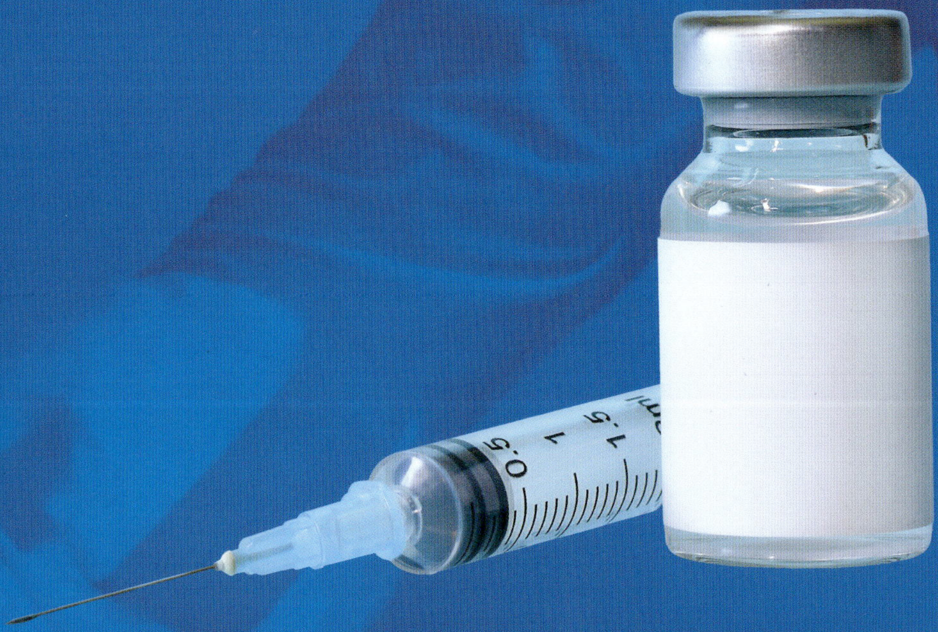